AF224391

# COUP-D'ŒIL

## SUR L'INTÉRIEUR

## DE LA RÉPUBLIQUE

## FRANÇAISE.

# COUP-D'ŒIL

## SUR L'INTÉRIEUR

## DE LA REPUBLIQUE FRANÇAISE,

## OU

## ESQUISSE DES PRINCIPES

## D'UNE RÉVOLUTION MORALE.

*par publicola Chaussard*

Nihil rerum mortalium tam instabile et
fluxum quàm potentia non suâ vi nixa.....
TACIT. *Ann.*

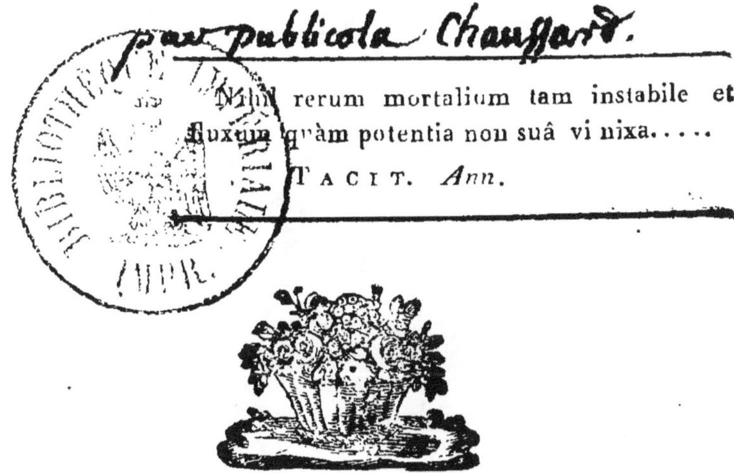

## A PARIS,

Chez {
MOUTARDIER, Libraire, Quai des Augustins,
N.º 28 ;
LEBOUR, Galerie de Bois, n.º 229, Palais-Egalité;
et chez tous les marchands de nouveautés.

## AN VII.

# AVERTISSEMENT.

ON ne trouvera point dans cet écrit des choses neuves, à moins qu'on ne regarde comme une nouveauté des vues honnêtes et morales.

Ajoutez qu'obscur et recherchant la solitude, étranger à toute faction, n'appartenant qu'à ma conscience, bornant mon ambition à cultiver, au sein de ma famille, les lettres et les arts, éternelle et seule passion d'un cœur pur, j'ai puisé ces vues dans un ardent amour pour mon pays, et ce motif rendrait mes erreurs mêmes respectables.

Ces réflexions auront l'avantage d'en exciter de meilleures : en rappelant des vérités utiles, j'arracherai peut-être à leur sommeil des talens supérieurs, qui dans des dangers extrêmes seraient coupables de garder plus long-tems le silence.

*Confugiamus igitur ad virtutem tanquam in asylum, quia sola ea quieta et tuta, et in suâ potestate est : omnia prœter eam subjecta fortunœ dominanti.*

CICER. ad herenn.

*P. S.* Cet écrit que je n'ai pas retouché, a été lu à plusieurs personnes, il y a quinze jours, et devait paraître à cette époque.

Ce n'est point sur des phrases isolées, mais sur l'ensemble et sur son objet qu'il faut le juger.

On peut considérer la première partie comme historique, et la seconde comme systématique.

# COUP-D'ŒIL

## SUR L'INTÉRIEUR

## DE LA RÉPUBLIQUE FRANÇAISE,

### OU

## ESQUISSE DES PRINCIPES

## D'UNE RÉVOLUTION MORALE.

----

Le danger qui menace la chose publique est vaste, imminent ; et lorsque tous s'accordent sur l'étendue des périls, tous se divisent sur les moyens de les prévenir.

Désunion déplorable ! calamité vraiment fatale, et la plus grande de toutes, (*) parce qu'alors le mal est dans le remède même.

Pour moi je remplirai avec courage mes devoirs d'homme et de citoyen. Fort des principes et de ma conscience, sans crainte comme sans reproche, l'amour de la patrie me tenant lieu de talent, je dirai avec franchise et simplicité, ce que je crois utile et vrai.

Avant d'indiquer les moyens, il faut remonter aux causes et aux effets.

----

(*) Dum singuli pugnant, vincuntur universi. *Tacite.*

Sept ans se sont écoulés depuis que la république (*) fut proclamée : elle naquit, grandit et s'avança au milieu de toutes les résistances des *priviléges* et des *préjugés*, des *intérêts* et des *habitudes*.

Ces résistances donnèrent l'origine à ces autorités du moment et du besoin, qui prenant leur mission, leur caractère et leurs moyens dans la nécessité d'une défense légitime, préparèrent, en se dévouant, la gloire et les destinées de la république.

N'examinant ici que le principe de ces ressorts politiques et non la violence de leur détente, il faut convenir que le passage de l'ancien désordre de choses, à l'ordre nouveau, est un état de guerre ouverte entre tous les intérêts et toutes les passions, et que cette guerre intestine, prélude des déchiremens civils, nécessite et commande des moyens de compression active, universelle, rigoureuse,

Que si des guerres étrangères menacent d'un embrâsement général, la cité qui renferme déjà tant d'élémens de combustion, que si, déchirée en elle-même, il lui faut tout craindre encore de ceux-mêmes qui doivent la défendre, c'est alors que de la situation extrême, sort une extrême résolution, c'est alors que, pour sauver la chose publique, on institue ces régimes dans lesquels on regarde plus au *but* qu'aux *moyens*

(*) Il faut le répéter à ceux qui feignent de l'ignorer : Le régime républicain est le seul sous lequel l'espèce humaine fleurit, prospère et développe toutes ses facultés ; elle est avilie, abrutie, dégradée sous les autres gouvernemens.

Quelle différence d'un citoyen Grec, Romain, Français, au reste des hommes. Comparez l'histoire démocratique d'Athènes, aux annales superstitieuses et monarchiques des autres peuples.

*La dictature* chez les anciens était une institution semblable, mais plus dangéreuse, parce qu'un seul l'exerçait.

Dans ces derniers tems on fit l'expérience de *la dictature divisée entre plusieurs.* D'abord on l'attribua à des membres du corps législatif ; depuis on la conféra de fait au directoire. Remarquons, en passant, que c'est la perpétuité qui a vicié l'institution, et que les malheurs sont nés des erreurs, des crimes de quelques gouvernans, et non du principe du gouvernement.

Depuis la fondation de la république on a gouverné révolutionnairement dans l'absence de la constitution ; on a gouverné révolutionnairement avec la présence de la constitution, et alors il n'y avait plus ni ferme ni recours contre *la tyrannie.*

Mais dans le premier cas, la violence s'exerça en faveur de la liberté ; dans le second cas contre elle ; là elle sauva la chose publique, ici elle allait la perdre.

Loin de nous la pensée de proposer de reconstituer un pouvoir qui, par cela seul qu'on en a horriblement abusé, semble avoir perdu sa force morale et d'opinion.

Nous voulons conclure de ces rapprochemens, qu'alors la liberté n'a existé que de nom, parce que d'un côté toutes les parties de la constitution n'ont pu être mises en activité, toutes, et à la fois ; parce que de l'autre, il n'y a pas eu de garantie suffisante contre les usurpations de l'autorité, parce que tour-à-tour chaque pouvoir a cumulé tous les autres.

Et cela explique cette longue succession de calamités dont nous avons été naguères les témoins : le peuple sans liberté dans ses choix, la représentation nationale avilie, le directoire oppresseur, les tribunaux dévoués, l'anéantissement du droit de parler et d'écrire, l'inquisition de la police, l'arbitraire à la place des lois, le glaive militaire planant sur toutes les têtes.

Ajoutez à ce tableau, celui des partis tour-à-tour victimes et bourreaux, les réactions parcourant toute la république comme des torrens orageux, la dépopulation calculée, la famine organisée, la fortune nationale épuisée, la foi publique anéantie.

Nulle institution, point de véritable éducation nationale, une prodigalité dévorante, des impôts arbitraires et immoraux, une législation immense et incomplète, vacillante dans ses principes, rétroactive dans ses effets, par-tout la division, par-tout la corruption, et la vénalité.

Et si de-là on porte ses regards sur l'extérieur, des armées triomphantes par des prodiges de vertu et de courage, mais bientôt trahies, livrées, affamées; un héros, l'élite des braves, l'honneur de la nation, ensevelis dans des déserts; des traités perfides, la paix rejetée, une négociation qui prépara nos revers, commencée sous l'auspice de la victoire et terminée par un assassinat; des peuples affranchis par la plus cruelle dérision, dépouillés, opprimés au nom de la liberté; nos alliés épouvantés de notre amitié fatale; les flottes livrées à l'Angleterre; les forteresses et les armes vendues à l'ennemi; le gouvernement inepte ou traître, impassible au milieu de tous ces maux, ne songeant qu'à sauver son autorité et non la patrie, et déclarant la guerre aux républicains, tandis que la coalition soudoyant nos défaites, étalait à l'improviste, sur nos frontières dépouillées, toute la population du nord de l'Europe.

Prévenons l'objection.

Il faut répondre aux royalistes, dont l'éternel et spé-
cieux sophisme est d'attribuer à la république ces
maux nés de leurs résistances, au gouvernement ces
torts des gouvernans, à la chose ces vices des personnes; il faut leur répondre, dis-je, que c'est en s'ap-
prochant des formes despotiques et monarchiques, que
le gouvernement a opprimé.

Non, non, cette absence de tous principes et de
toute morale, ce vide d'institutions, ce manque d'é-
quilibre entre les pouvoirs, ce cahos de réglemens
naissans, expirans tour-à-tour au souffle des intérêts et
des passions; non, non, cet arbitraire effroyable, ce
désordre immense, ne furent point la république.

La république n'exista pendant ces époques désas-
treuses que par le courage des armées : elle se réfugia
dans leur héroïsme, dans les vœux des philosophes,
dans le cœur des vrais citoyens gémissans et accablés
eux-mêmes sous cette vaste tyrannie.

Si les ames furent moins républicaines, c'est que le
gouvernement fut moins républicain. Gémissons sur la
cause bien plus que sur l'effet : le mot de Rousseau
est profondément vrai, « *les peuples sont tout ce que
le gouvernement les fait etre.* »

Nous l'avons dit et démontré, ce fut en s'appro-
chant des formes despotiques que le gouvernement fut
oppresseur, inique, ce fut en infusant dans le corps
politique la corruption, ce poison des monarchies, qu'i
éteignit tout esprit national, et ce principe des républiques, *la vertu.*

Placez à présent l'existence de notre République
entre la menace des armes de la coalition, et celle des

divisions intestines , vous aurez le tableau de notre situation intérieure.

Il me reste à tracer celui de nos moyens : ils sont aussi grands que les dangers.

J'aurais pu les indiquer d'un seul mot, en proposant, comme Rousseau, de faire précisément tout le contraire de ce qui a été fait. Mais il faut rappeler d'abord quelques détails sur les partis , sur les hommes et sur les choses.

Il n'existe véritablement que deux partis , l'un républicain et l'autre royaliste ; mais chacun de ces partis se subdivise, et n'est d'accord ni sur *les personnes*, ni sur *les principes* qui appartiennent au système.

Les royalistes se divisent en monarchistes purs ou absolus , et en monarchistes constitutionnels.

Les républicains se divisent en aristocrates et en démocrates.

On a affecté de répéter jusqu'à satiété, que les extrêmes, c'est-à-dire, le royalisme pur , et la démocratie pure, se touchaient ; mais ce qu'on n'a pas dit, ce qu'il est bien plus facile de démontrer , c'est que la république aristocratique et la monarchie constitutionnelle se touchent de si près qu'elles se pénétrent.

On a remarqué que le salut de la république était quelquefois sorti de ces divisions mêmes, une faction préférant de se rallier momentanément à celle du parti opposé , plutôt que de laisser triompher son propre parti par la faction rivale.

Ajoutez que l'influence étrangère , que celle du cabinet de Saint-James pousse et précipite ces factions les unes sur les autres. Loin de tendre à vous donner , ainsi qu'il ose l'insinuer , un gouvernement , leur machiavélisme ne veut que l'absence d'un gouvernement.

Une des plus grandes fautes du directoire français , fut de suivre ces impulsions funestes , et d'établir ce *systême de balance* entre les factions , relevant selon les besoins du moment et du caprice , tantôt les espérances et les forces des royalistes , et tantôt le dévouement et l'énergie des républicains toujours sacrifiés.

Le gouvernement , suivant la maxime commune à tous, se constitua en état de guerre vis-à-vis des gouvernés , au lieu de s'établir en harmonie avec eux.

De-là l'exaspération d'un grand nombre de citoyens.

La division passa des choses aux personnes : entretenue par des dénominations odieuses , et qui enveloppaient tour-à-tour toutes les classes , exaltée par les réactions, développée par les événemens , elle fut d'autant plus active , qu'à l'aide de noms injurieux on proscrivait en masse , et d'autant plus étendue, que dans cette instabilité et cette fluctuation des chances politiques , on était tour-à-tour , élevé , renversé , relevé.

Et comme alors on avait tout avili , jusqu'aux principes mêmes ; comme on avait tout pris en haine , jusqu'au civisme et à la philosophie; comme il ne s'agissait , dans cette carrière jonchée de débris , que de ressaisir , d'augmenter et de garder le pouvoir ; comme il n'existait plus de lien entre les citoyens , déjà retentissait de tous côtés cette maxime sinistre : voilà comment on arrive rapidement (*) au despotisme d'un seul.

Nous avons une Constitution , mais qui fut sans cesse

---

(*) *Cuncta discordüs civilibus fessâ* , nomine principis, sub imperium ( Augustus) *accepit.* TACIT. I. L.

violée ; des pouvoirs divisés, mais qui furent sans cesse rivaux et ennemis.

Et cette constitution, ces pouvoirs, il est de l'intérêt de tous de les maintenir et de les défendre, 1°. parce que telle qu'elle soit, cette constitution libre, perfectible, a le vœu de la majorité ; 2°. parce que cette constitution et la représentation nationale sont la seule garantie de la liberté.

Hors de-là sont l'insurrection et la dictature.

Et si, dans les horreurs des guerres étrangères et civiles, cette arme à deux tranchans tombait dans les mains des passions et de la vengeance...... au nom de la mère patrie qui vous regarde et vous montre son sein déchiré, arrêtez.

Une révolution paisible reste à tenter, c'est le retour à la *justice*, à la *morale*, et *l'union des républicains*.

On a tout tenté, on s'est avisé de tout, excepté de l'honnête qui, suivant l'axiôme de l'antiquité, et par la nature des choses, est toujours l'utile.

Ces leviers, pour être simples, n'en sont pas moins forts.

Il est facile de s'en emparer et de les mouvoir.

Le-gouvernement le doit, il le veut sans doute, il le peut assurément.

Sa première opération devrait être de proclamer cette déclaration de principes, de la proclamer non par des affiches qui ne sont que trop souvent des mensonges commandés, et politiques, qui ne sont que des protestations hypocrites, ou des promesses infidèles, mais par des actes purs, par une conduite franche et loyale.

Il faudrait, 1°. substituer à des *mesures partielles*, un *ensemble de mesures* déployées toutes à-la-fois, et de front, embrassant celles du moment ou de nécessité ; celles du temps o. les ins itutions ; 2°. les combiner de manière que la mesure de bienfaisance ou d'amélioration , soit toujours à côté de la mesure de rigueur , et jeter ainsi dans le désordre de passage, les germes de l'ordre à venir ; 3°. les mettre en activité sur-le-champ : le temps presse , il est gro. d'événemens.

Ce *mouvement moral* est dans les esprits : loin de supposer des violences , il en indique le terme.

Il va se développer , ou par l'autorité , ou sans l'autorité : telle est la force des choses , songez-y.

S'il a lieu par l'autorité, ce mouvement sera régularisé; s'il éclate sans l'autorité , et contre elle , c'est un projectile dont la direction ne peut plus être calculée.

Emparez-vous donc de cette force de l'opinion qui sera la vôtre.

L'opinion s'est prononcée avec indignation contre le brigandage ; *frappez le brigandage.*

Par là , au lieu d'être réduits à extorquer à tous les citoyens les derniers lambeaux de leur propriété , vous faites reporter et restituer au trésor national , ce qu'on lui avait pris et soustrait; et puisqu'enfin on ne peut fermer le gouffre des finances qu'avec des victimes , précipitez-y les frippons , au lieu de dessécher de vos propres mains les sources de l'industrie et de la prospérité nationale , en arrachant le peu de capitaux qui reste à l'agriculture languissante , et au commerce expirant.

Mais on n'a droit d'être sévère à l'égard des autres , qu'en l'étant envers soi-même.

*Imitez ce bel exemple des directeurs et des législateurs de la Suisse , qui ont remis à la nation la moitié de leur trai-*

*tement ( et ce traitement était modique) pour subvenir aux frais de la guerre.*

Et de quel droit seriez-vous donc prodigues de la fortune de vos concitoyens, si dans votre propre danger vous êtes avares de la fortune que vous tenez de leurs bienfaits ?

C'est un malheur, un très-grand malheur que le luxe et les habitudes de l'éducation monarchique, nécessaires à des magistrats républicains. O Aristide! O Phocion! vous n'habitiez point des palais superbes ; l'or et la broderie n'éclataient point sur vos manteaux; vous marchiez à pied au milieu de vos concitoyens, sans redouter leur abord ou leur reproche, et pauvres, persécutés, bannis, mourans par les ordres d'une ingrate patrie, vous ne laissiez, pour honorer vos funérailles, que la mémoire de vos bienfaits, et les pleurs des bons citoyens.

Rivaux de ces grands hommes, je vous vois, je vous entends, Représentans : vous effacez ce qui tend à avilir le noble caractère du législateur, vous assurez son indépendance, en *déclarant qu'il ne pourra accepter une place à la nomination du directoire, que trois ans après ses fonctions expirées.*

*Le même principe doit peut-être s'opposer à la réélection.* Voilà comment les fonctions cessent d'appartenir et d'être accessibles à tous ; voilà comment elles deviennent la propriété d'un petit nombre de familles ; voilà comment s'établit l'oligarchie et la perpétuité des emplois.

Brisant ces chaînes honteuses, ces anses que la corruption présente à la cupidité, ce que vous perdez en intérêt personnel, vous le gagnez en considération, en respect, en dignité.

*Réformez la perception, allégez le fardeau des impôts par une économie sévère, et donnez en les premiers*
l'exemple

l'exemple : c'est par les vertus domestiques qu'on s'élève aux vertus politiques.

*Simplifiez ces rouages compliqués et trop couteux des machines ministérielles;* rendez à l'agriculture, au commerce, aux arts, la moitié de cette population vigoureuse qu'énerve et amollit l'éducation ombratile des bureaux, et qui consomme sans reproduire.

*Défendez la cumulation des traitemens :* les places dans une république ne doivent pas être des bénéfices, mais des charges.

*Ne regardez pas au* LUXE, *mais à* L'UTILITÉ *des administrations :* un gouvernement est bienfaisant lorsqu'il est avare.

*Suspendez la dépense des fêtes et des bâtimens, pendant le tems de la guerre.*

*Que la comptabilité ne soit pas un fantôme; surveillez la perception et l'emploi des deniers publics.*

O Sully, toi qui étalas sous une monarchie, la simplicité des mœurs républicaines, que dirais-tu à l'aspect de cette démence ruineuse, et de cette légéreté plus que barbare, avec laquelle on a disposé de la fortune publique, et de celle du citoyen? tu fis sortir la prospérité nationale du sein des ruines; eux, ils ont enseveli sous des ruines cette prospérité.

J'ai parlé d'abord de l'ordre des finances, parce qu'il est le premier de tous dans ces circonstances; j'ai répété des vérités triviales : c'est sur ces vérités triviales que repose le talent des grands administrateurs.

Le simple bon sens indique le principe de l'économie; la nécessité en fait une loi.

L'oubli de l'économie a produit tous les vices et

2

tous les crimes : en la rappelant vous rappelez toutes les vertus morales. L'existence de la république se fonde sur leur rappel et sur leur exercice.

D'ailleurs le Citoyen sera naturellement disposé à donner, lorsqu'il verra l'emploi de ce qu'il donne ; il s'attachera même à la chose, en raison des sacrifices, lorsque la nécessité de ces sacrifices lui sera démontrée.

On aurait droit de s'y refuser, s'ils ne tendaient qu'à enrichir quelques malfaiteurs publics ; les besoins de la patrie obtiendront tout.

Il ne suffit pas de présenter l'économie, *donnez de la publicité aux comptes.* Que ces comptes avant d'être discutés soient soumis par cette publicité à l'opinion, et qu'on en consulte, qu'on en recueille avec respect, avec reconnaissance, les lumières.

*Formez, appelez auprès de vous un conseil* (*) *composé d'hommes versés dans les matières de l'économie politique, de négocians connus, après vous être assurés de leur moralité, et sur-tout après avoir pris les moyens de les rendre étrangers, dans le résultat de ces discussions, à tout intérêt personnel, à toute espèce de spéculation politique.*

Les leçons de l'expérience ont été trop souvent négligées ; on a trop souvent mis en délibération des questions qui n'en étaient pas une, et que Locke, Smith, Stewart, que le bon sens enfin dont ils étaient les interprètes, avaient depuis long-tems décidées.

Mais on portait alors dans des discussions qui exi-

---

La première opération de Sully fut de former une chambre de commerce.

geaient le calcul de la raison froide et impassible, l'aveuglement et l'impétuosité des passions : il est bien malheureux, disait Francklin, que lorsque les hommes s'assemblent, leurs passions s'assemblent avec eux.

Cet inconvénient serait balancé par la formation de ce conseil, par la *création d'une commission d'économie et de réformes*, et peut-être par *l'établissement d'une commission de recherches sur la comptabilité* : ce ne serait qu'après avoir conféré avec elles, et après avoir fait coïncider ces mesures avec les leurs, que la commission des finances proposerait.

Ces vues générales d'économie auraient l'avantage d'entraîner cette foule d'hommes, qui, soit paresse d'esprit, soit égoïsme, étrangers à toute querelle sur le gouvernement, ne désire qu'une administration sage, éclairée, tutélaire, quelle qu'elle soit.

Et cette masse d'hommes composera toujours la force du gouvernement qui saura les attirer et les conquérir par ses dispositions.

Vous ne ferez pas moins pour le parti républicain.

Ici les moyens sont dans les *lois* et dans les *institutions démocratiques*.

Les lois (*) ont été corrompues par trois vices ;

*L'arbitraire*,

*L'instabilité*,

*La rétro - action*.

La nature n'offre pas de plus grands fléaux que ces trois choses.

Ajoutez-y *la multiplicité*, *l'obscurité*, *l'étendue* et *le défaut de liaison*, de manière qu'il n'est pas au pouvoir

(*) Sicuti alii morbis, sic nos legibus laboramus. *Sénèque.*

du législateur même de connaître, je ne dirai pas les détails, mais l'ensemble de leur système.

Une difficulté se présente à résoudre : comment éviter que les lois changent au millieu d'événemens, qui changent eux-mêmes à chaque instant, et qu'il faut gouverner ?

On pourrait répondre que l'instabilité des lois est la cause et non l'effet de celle des événemens : il faut trancher cette difficulté par une distinction que je crois nécessaire.

*Ne conviendrait-il pas de donner à tout ce qui n'est, au fond, que loi de circonstances, le nom de réglement de police ?*

En effet, une loi ne peut-être arbitraire : *la loi est la déclaration des rapports nécessaires et immuables,* (*) *que la nature et la raison éternelle ont établis entre les choses.*

Par-là vous assurez aux *lois* leur véritable caractère et le respect, par-là vous conservez leur auguste impassibilité.

*Le réglement* règne sur le moment, *la loi* domine sur le temps.

On avait senti le mal sans indiquer le véritable remède, en proposant de reviser les lois.

D'abord cette revision dont l'effet est d'ôter aux lois la considération, a été plusieurs fois sur le point de devenir l'arme des factions ; mais ensuite elle doit être précédée par l'organisation des institutions qui doit l'éclairer, et qui peut y suppléer.

(*) Cette définition est de Platon : elle a été reproduite par Montesquieu.

Quelles seront ces institutions? on n'a jamais abordé franchement cette grande et importante question.

Seront-elles *aristocratiques* ou *démocratiques ?*

J'appelle *institutions aristocratiques* celles qui favorisant le gouvernement d'un petit nombre, repoussent le peuple dans une dépendance absolue ; j'appelle *institutions démocratiques* celles qui sans s'écarter des principes de notre constitution, tendraient à rendre au peuple les droits qu'il peut exercer par lui-même, sans danger pour la chose publique, celles dont l'effet serait de diminuer l'inégalité des jouissances, et de donner une direction politique aux richesses et au luxe même.

Ces dernières sont plus conformes aux principes qui conservent les républiques.

Ces institutions entretiennent l'esprit d'égalité, de simplicité qui , à leur tour , entretiennent l'amour de la vertu et de la patrie.

Voyez comme l'ensemble de ces mesures vous ramène et concilie tous les esprits et tous les cœurs.

*Par l'économie et l'ordre dans les finances* vous investissez vos opérations de considération et de confiance ; vous acquérez celle de la multitude.

*Par la régénération des lois* vous ajoutez à leur poids celui du parti philosophique, le plus fort de tous, et que vos erreurs avaient éloigné et consterné.

*Par les institutions démocratiques* vous faites cesser le schisme républicain.

Sans doute , et tous les politiques l'ont dit , la démocratie pure , ce gouvernement où le peuple exerce par lui-même sa souveraineté, ne peut avoir lieu dans un grand Etat.

La liberté d'un grand Etat repose sur le système représentatif.

Mais rien n'est plus conciliable qu'une constitution représentative, et des institutions démocratiques, surtout si l'on s'attache à ne faire de ces institutions, que des *ressorts moraux.*

Ainsi vons étouffez toutes les dissentions dans leur germe ; ainsi vous consolidez l'édifice politique, en ôtant non-seulement tout moyen, mais encore tout prétexte de l'attaquer.

Eh ! croyez-moi, l'arme des *principes* est bien plus forte, que celle des *coups d'Etat.* Lorsqu'on abandonne les premiers, il ne reste plus que les derniers. Qu'ont-ils produit ? ils ont envenimé les haines et les divisions. Ils ont semé l'injustice dans l'injustice, et les malheurs dans les malheurs.

Ici je ne puis m'empêcher de remarquer combien on s'est éloigné des plus saines notions, en portant dans une république l'esprit de cette politique ténébreuse, qui ne convient qu'à une monarchie. On avait adopté une partie des maximes du prince de Machiavel ; on avait ajouté quelques chapitres de plus aux coups d'Etat, dont Naudé avait publié l'histoire et les principes ; on avait dit, comme Richelieu, que s'il se trouve encore quelque malheureux honnête homme, il ne faut pas employer ces sortes de gens, comme trop roides et trop difficiles en affaires, et l'on s'était cru un grand homme, pour avoir commenté quelques-uns des axiômes de Tibère. Fatal et déplorable renversement de toutes les idées !

Tout a été perdu, au moment où l'on a oublié ces principes, dont la sagesse de l'antiquité, dont l'expérience des siècles déposent, *qu'il ne peut exister de bonheur public, sans morale publique, et que pour être dignes d'être libres, il faut commencer par être justes.*

Cela me conduit à terminer ces observations, par une proposition que Bodin présenta sous la monarchie, et qui ne convient qu'aux républiques : je veux parler de *l'institution des censeurs, institution sans juridiction, purement morale, mais par cela même très-puissante.*

Je citerai le texte de Bodin qui, dans son vieux style, a une naïveté et une énergie que je ne ferais qu'affaiblir : les expressions d'un grand homme sont quelque chose de sacré.

« D'autant que nous avons à traiter des finances,
» il est besoin de parler de la censure, et montrer que
» de tous les magistrats d'une république, il n'y en a
» guère de plus nécessaires. Et si la nécessité y est évi-
» dente, encore est l'utilité plus grande, soit pour en-
» tendre le nombre et qualité des personnes, soit pour
» l'estimation et déclaration des biens d'un chacun,
» soit pour régler et morigérer les sujets. (*)

» Et m'ébahis comment une chose si belle, si utile
» et si nécessaire est délaissée, vû que tous les peuples
» Grecs et Latins, de toute ancienneté, en ont
» usé.......

» A Gênes, à Lucques, il y a des censeurs à titre
» d'office. A Venise on fit trois magistrats qui furent
» appelés *signori sopra il ben vivere della citta...*

» La république de Genève y a député dix anciens

(*) Aristote., l. 5. ch. 8, polit,

» qui tiennent les sujets en bride, tellement qu'il de-
» meure bien peu de forfaits impunis, et ne faut dou-
» ter que leur république ne fleurisse en bonnes mœurs,
» tant qu'ils tiendront la main aux anciens.

» On voit donc qu'il est bien peu de républiques bien
» ordonnées, qui n'aient usé de censeurs et de cen-
» sure......

» Mais l'un des plus grands et des principaux fruits
» qu'on peut recueillir de la censure, c'est qu'on peut
» connaître de quel état, de quel métier chacun se
» mêle, de quoi il gagne sa vie, afin de chasser de la
» république les mouches guêpes, qui mangent le miel
» des abeilles, et bannir les vagabonds, les fainéans,
» les voleurs, les pipeurs.

» Et quant au dénombrement des biens, il n'est pas
» moins requis que des personnes. Cassiodore (*) en
» parle ainsi : *orbis romanus agris divisus censuque des-*
» *criptus est, ut possessio sua nulli haberetur incerta,*
» *quam pro tributorum susceperat quantitate solvendâ.* Si
» donc tout le pourpris de l'empire romain était baillé
» par dénombrement, afin qu'on sçût les charges que
» chacun devait porter, eu égard aux biens qu'il avait,
» combien est-il plus nécessaire à présent où il y a mille
» sortes d'impôts en toutes républiques, que les anciens
» n'ont jamais connus ?

. . . . . . . . . . . . . . . . . .

» On saurait aussi par ce moyen quels sont les pro-
» digues, les cessionnaires, les banqueroutiers, les ri-
» ches, les pauvres, les safraniers, les usuriers ; et à
» quel jeu les uns gagnent tant de bien, et les au-

(*) Epist. 83, l, 1.

» tres dépendent tout pour y remédier, puisqu'il est
» ainsi que de la pauvreté extrême des uns, et riches-
» ses excessives des autres, on voit tant de séditions,
» troubles et guerres civiles......

» Aussi les tromperies qu'on fait aux mariages, aux
» ventes, aux marchés, et en toutes les négociations
» publiques et privées, seraient découvertes et con-
» nues....

» Peut-être on me dira que c'est chose dure d'ex-
» poser en risée la pauvreté des uns, et à l'envie la
» richesse des autres. Voilà le principal argument dont
» on prétend user pour empêcher une chose si loua-
» ble et si sainte. Mais je dis au contraire que l'en-
» vie cessera contre ceux qu'on pense riches, et qui
» n'ont rien, et la moquerie contre ceux qui ont les
» biens, et qu'on estime pauvres.

» Et faut-il que l'envie des malveillans, où la mo-
» querie des plaisans, empêche une chose si sainte et
» si louable? Jamais le prince, ou le législateur n'ont
» fait mise, ni recette de l'envie, ni de la risée, quand
» il est question de bonnes lois, combien que la loi
» qu'on met en avant ne touche que les meubles, et
» non les immeubles.

» De dire qu'il n'est pas bon qu'on sache le train,
» le trafic, la négociation des marchands, qui gissent
» bien souvent en papier et en crédit, qu'il n'est pas
» bon qu'on évente le secret des maisons et des fa-
» milles.

» Je réponds qu'il n'y a que les trompeurs, les pi-
» peurs et ceux qui abusent les autres, qui ne veulent
» pas qu'on découvre leur jeu, qu'on entende leurs
» actions, qu'on sache leur vie ; mais les gens de bien

» qui ne craignent pas la lumière, prendront toujours
» plaisir qu'on connaisse leur état, leur qualité, leur
» bien, leur façon de vivre. Un architecte disait un
» jour au tribun Drusus, qu'il ferait l'ouverture de sa
» maison, en sorte que personne n'aurait vue sur lui;
» mais, je te prie, dit alors Drusus, fais en sorte qu'on
» puisse voir, de tous côtés, ce que je fais en ma mai-
» son. Aussi Velleius Paterculus, qui récite l'histoire,
» dit que cet homme là était *sanctus et integer*. Et c'est
» principalement contre les méchans, qu'il faut que la
» censure ait lieu.

» Et de fait, anciennement chaque romain faisait un
» registre de toutes ses actions, de sa dépense, et de
» tous ses biens; mais sur le déclin de l'empire, lors-
» que les vices commencèrent à bouter, on cessa, dit
» Asconius, parce que plusieurs étaient condamnés par
» leurs registres. Et je trouve qu'il n'y a jamais eu que
» les tyrans, les usuriers, les larrons, les cessionnaires
» qui ont eu en haine la censure, et empêché, tant
» qu'ils ont pu, que le dénombrement des biens ne se
» fît, comme j'ai remarqué de Tibère, Caligula, Né-
» ron, Domitien.

» C'est donc une pure moquerie de mettre en fait
» que cela servirait aux tyrans, pour faire exactions
» sur le peuple, car il n'y a tyran si cruel, qui ne
» prît plus volontiers sur le riche, que sur le pauvre : et
» par faute de censure, les pauvres sont écorchés, et
» les riches se sauvent toujours. Aussi voit-on que par
» les menées des riches bourgeois et usuriers romains,
» de six censeurs élus consécutivement en un an, pas
» un seul (*) ne put vaquer à la censure. De quoi les

(*) Tit. liv. 1. 6.

» tribuns faisant leurs plaintes devant le peuple, disaient
» que les sénateurs craignaient les registres et enseigne-
» mens publics, qui découvraient les biens d'un chacun
» et les dettes actives et passives, par les quels on eût
» connu qu'une partie des bourgeois était foulée par
» l'autre et rongée d'usures.....

» Pourquoi donc le droit créancier craindrait-il qu'on
» vît les dettes par lui contractées? pourquoi ne vou-
» drait-il pas qu'on connût les successions légitimes à
» lui dévolues? pourquoi empêcherait-il qu'on ap-
» perçût les biens justement acquis par son industrie et
» labeur? cela lui tournera toujours à louange et hon-
» neur. S'il est homme de bien, s'il aime la conser-
» vation de la république, le soulagement des pauvres,
» il ne fera pas de difficulté de bailler ses biens par dé-
» claration pour aider au public quand besoin sera ; et
» s'il est méchant, s'il est usurier, concussionnaire,
» larron du public, voleur des particuliers, il a bien
» raison d'empêcher et de s'opposer tant qu'il pourra
» que ses biens, sa vie, ses actions ne soient connus.

» Mais ce n'est pas la raison qu'on demande aux
» taverniers s'il faut supprimer le cabaret, ni aux
» femmes dissolues s'il faut ôter le bordeau, ni aux
» maltôtiers s'il faut abolir les usures, ni aux méchans
» s'il faut avoir des censeurs.

» Or, tous les anciens ont toujours parlé de la censure
» comme d'une chose divine, et qui a conservé l'empire
» des romains tant qu'elle y fut en crédit. Tite-Live par-
» lant du roi Servius, qui, le premier, institua que
» chacun baillerait ses biens par déclaration, *censum*,
» dit-il, *instituit rem saluberrimam tanto futuro imperio.*
» Mais depuis que les censeurs furent érigés en titre

» d'office, au lieu des consuls, et que, peu à peu, ils
» commencèrent à prendre connaissance des mœurs et
» vie d'un chacun, alors on commença à respecter les
» censeurs, et les révérer plusque tous les magistrats : de
» quoi parlant Tite-Live : *Hic annus censuræ initium fuit*
» *Rei parvâ origine ortæ, quæ deinde tanto incremento*
» *aucta est, ut morum, disciplinæ que romanæ, pénès*
» *eam regimen senatûs equitumque centuriæ, decoris,*
» *dedecorisque discrimen, sub ditione ejus magistratus,*
» *publicorum jus privatorumque locorum, vectigalia po-*
» *puli romani sub nutu atque arbitrio essent......*

» Plutarque en parle encore plus hautement, appelant
» la censure *office très-sacré* et *très-puissant.*

» On dira peut-être que la charge était grande ; cepen-
» dant en un si grand empire, deux censeurs y suffisaient.

» Il serait à désirer que les sur-intendants aux finances
» fussent vrais censeurs, c'est-à-dire, gens sans blâme et
» sans reproche ; car il faut toujours bailler la bourse au
» plus loyal, et la réformation des abus au plus entier.

» Quant à la réformation des abus, c'est bien peut-
» être la chose la plus belle et la plus excellente qui fut
» onques introduite en république du monde, et qui plus,
» a maintenu la grandeur de cet empire-là. Car tout,
» ainsi que les censeurs, étaient toujours élus des plus
» vertueux hommes de la république ; aussi s'efforçaient-
» ils de conformer les sujets au vrai but d'honneur et de
» vertu.....

» Et si on délaissait la censure, comme il se faisait
» quelquefois pour la longueur des guerres, on appercevait
» à vue-d'œil que les mœurs du peuple se gâtaient, et
» que la république devenait malade, comme un corps
» qui délaisse les purgations ordinaires. Cela s'apperçut

» pendant la seconde guerre punique , n'avait pas loisir
» d'y vaquer commodément. Mais sitôt qu'Annibal se fut
» retiré au territoire de Naples , alors les censeurs, dit
» Tite-Live (*) *ad mores hominum regendos animum*
» *adverterunt , castiganda que vitia quæ , velut diutinos*
» *morbos ægra corpora ex se gignunt , nata bello erant.*

» Et toutefois , ils ne s'arrêtaient qu'aux abus qui ne
» viennent pas en justice.

» Car les magistrats prenaient connaissance des meur-
» tres, des parricides , des larcins , des concussions, et
» autres crimes semblables qui sont punis par les lois.

» Suffit-il pas, dira quelqu'un , de bien punir les crimes
» et forfaits portés par les édits et ordonnances ?

» Je dis que les lois ne corrigent que les méchancetés
» qui troublent le repos de la république. Encore les plus
» signalés en méchanceté échappent toujours la peine des
» lois , comme les grosses bêtes rompent les toiles d'a-
» raignées.

» Et qui est l'homme si mal-avisé qui mesurera l'hon-
» neur et la vertu au pied des lois? *Quis est*, dit *Sénéque*,
» *qui se profitetur legibus omnibus innocentem ? Ut hoc ità*
» *sit equàm angusta est innocentia ad legem bonum esse :*
» *quanto latiùs patet officiorum quàm juris regula ? Quàm*
» *multa pietas , humanitas , liberalitas , justitia , fides*
» *exigunt quæ extrà publicas tabulas sunt !*

» On sait assez que les plus détestables vices , et qui
» plus gâtent la république , ne viennent jamais en ju-
» gement. La perfidie n'est jamais punie par la loi, qui
» est un des vices les plus abominables. Mais les censeurs,
» dit Ciceron , n'étaient si curieux de chose du monde ,

(*) L. 24.

» que de punir les parjures. Les ivrogneries, les jeux de
» hasard, les paillardises et lubricités sont permises
» avec une licence débordée; qui peut y remédier, que la
» censure? On voit aussi les républiques remplies de va-
» gabonds, de fainéans qui corrompent, et de fait et
» d'exemple, tous les bons sujets; et toutefois il n'y a
» moyen de chasser cette vermine que par la censure....

» Quelle justice peut-on espérer de l'impiété des enfans
» envers leurs pères et mères, du mauvais gouvernement
» entre gens mariés, du mépris envers les maîtres?
» Combien voit-on de filles vendues ou déshonorées par
» les parens mêmes, et qui, plutôt, souffrent être aban-
» données que mariées? Il n'y a moyen d'y remédier que
» par la censure......

» Et quant à l'institution de la jeunesse, qui est une des
» principales charges de la république, et de laquelle,
» comme de jeunes plantes, il faut avoir le premier soin,
» on voit qu'elle est méprisée; et ce qui devrait être
» public, est laissé à la discrétion d'un chacun qui en
» use à son plaisir, qui en une sorte, et qui en une
» autre..... et d'autant que Licurgue disait qu'en cela
» git tout le fondement de la république: il ordonna le
» grand Pedonome, censeur de la jeunesse, pour la
» régler selon les lois, et non à la discrétion des parens.

» Ce qui fut ainsi ordonné par édit des Athéniens,
» publié à la requête de Sophocle, connaissant bien que
» pour néant on fait des lois, si la jeunesse, dit Aris-
» tote (*), n'est informée de bonnes mœurs. Or, tout
» cela dépend des soins et vigilance des censeurs.

» Je tais l'abus qui se commet, en souffrant les co-

(*) Lib 8. C. 2. Polit.

» miques ou jongleurs qui est une autre peste de la répu-
» blique.....

» On se plaint aussi des habits, des excès, et que les
» lois somptuaires sont foulées aux pieds ; jamais il ne se
» fera autre chose s'il n'y a des censeurs qui fassent exé-
» cuter les lois, comme étaient à Athènes les Nomophy-
» laques. C'est pourquoi un ancien (*) orateur disait que
» le tribun qui, le premier, rogna la puissance des cen-
» seurs, avait ruiné la république ; ce fut Clodius, un
» des plus méchans hommes de son âge. Aussi, la loi, six
» ans après, fut cassée par la loi Cécilia.

» Puis donc que la censure est une chose si belle, si
» utile et si nécessaire, reste à voir si les censeurs doivent
» avoir jurisdiction, car il semble que la censure sera
» illusoire sans jurisdiction.

» Néanmoins, je dis qu'il ne faut pas que les censeurs
» aient jurisdiction quelconque, afin que leur charge ne
» soit enveloppée de procès ou de chicaneries.

» Aussi, les anciens censeurs romains n'avaient au-
» cune jurisdiction, mais un regard, une parole, un trait
» de plume qu'ils donnaient, était plus sanglant, et tou-
» chait plus vivement que tous les arrêts des magistrats.
» Quand on faisait le lustre, ont eût vu quatre ou cinq
» cents sénateurs, l'ordre équestre, et tout le peuple,
» trembler devant les censeurs.

» Et afin que l'honneur et l'autorité si grande des cen-
» seurs ne fît ouverture à la tyrannie, s'ils eussent été
» armés de puissance et de jurisdiction, ou qu'on fût con-
» damné sans être ouï, il fut très-bien avisé qu'ils n'au-
» raient que la censure.


(*) Cicéron.

» C'est pourquoi, disait Cicéron, que le blâme des cen-
» seurs fait rougir seulement ; et d'autant que cela ne
» touchait que le nom , la correction du censeur s'appelait
» *ignominia*, qui est bien différente de l'infamie qui dépend
» des juges qui ont jurisdiction publique.

» Combien que le censeur eût rayé le sénateur des re-
» gistres du sénat , si est-ce que s'il voulait présenter re-
» quête au peuple, et montrer son innocence , il y était
» reçu , et quelquefois absous et restitué ; mais s'il y avait
» accusateur qui soutînt la censure , ou que le censeur
» même se portât accusateur en qualité de particulier, si
» l'accusé était convaincu et condamné par le peuple, ou
» par les commissaires députés du peuple , alors il était
» atteint non-seulement d'ignominie , mais d'infamie, et
» déclaré inhabile à jamais tenir état.

» C'est pourquoi ceux qui étaient censurés n'étaient pas
» jugés , mais toutefois ils étaient comme préjugés. Et si
» le censeur était homme éloquent, il se constituait accu-
» sateur de ceux qui voulaient se faire restituer contre sa
» censure. Comme fit Caton contre Lucius-Flaminius,
» contre lequel il dressa un plaidoyer de la vie orde et
» sale qu'il menait.

» Mais les mieux avisés , et qui avaient quelqu'opinion
» de leur suffisance , demandaient quelqu'office , ou com-
» mission honorable au peuple ; et s'ils l'obtenaient, l'i-
» gnominie , ou censure , était couverte ; ou bien qu'ils
» se fissent restituer , par les autres censeurs , cinq ans
» après. Mais s'ils ne faisaient ni l'un ni l'autre, l'entrée
» du sénat leur était close ; et de ceux-là parlant, Ulpian
» dit qu'il pense qu'ils ne sont pas recevables en témoi-
» gnage.

» Cicéron parlant de la censure, dit que les anciens ont
» voulu

» voulu que la censure portât une certaine crainte, et non
» pas une peine. Ce qui fut, en partie, la cause pourquoi
» la loi Claudia fut cassée, qui voulait que le sénateur
» ne pût être forclos du sénat, ni rayé des registres, s'il
» n'était accusé devant les censeurs, et condamné de l'un
» et de l'autre ; car c'était faire de la censure une cohue,
» et l'anéantir ; laquelle, toutefois, était *si vénérable, que*
» *le sénat romain ne voulut pas souffrir que les censeurs,*
» *après leur charge expirée, fussent accusés ni appelés en*
» *jugement des choses qu'ils avaient faites ; ce qui était*
» *licite contre tous les autres magistrats.*

. . . . . . . . . . . . . . . . .

» On voit donc les républiques qui usent de la censure,
» fleurir en bonnes lois et bonnes mœurs. On voit les dé-
» bauches, les usures, les momeries, les excès en tout
» genre retranchés ; les voleurs, les brigands, les fainéans
» chassés : et ne faut pas douter que les républiques qui
» useront de telles censures ne soient perdurables et flo-
» rissantes en toutes vertus. Et là où la censure est dé-
» laissée, les lois et les vertus seront méprisées ; comme
» il advint à Rome quelque tems avant que cet empire-là
» fût ruiné, lorsqu'au lieu des censeurs, on érigea un
» office qu'on appelait le tribun des plaisirs et voluptés,
» ainsi qu'on peut voir en Cassiodore ».

J'ai étendu cette citation, que je ne crois pas sans intérêt ; et si les bornes de cet ouvrage me l'avaient permis,
j'aurais tracé, d'après Plutarque, le tableau (*) de la
censure de Caton : « le peuple romain, dit-il, l'eût très-
» agréable ; il lui fit dresser une statue dans le temple de
» *la santé*, sous laquelle il ne fit pas écrire ses faits d'armes,

_______

(*) Vid. Plut. vie de M. Caton.

» ou son triomphe, mais y fit graver une inscription dont
» la sentence était telle, à la traduire mot pour mot : à
« *l'honneur de Marcus-Cato, censeur, pour autant que*
» *par bonnes mœurs, saintes ordonnances et sages ensei-*
» *gnemens, il redressa la discipline de la chose publique,*
» *laquelle inclinait déjà, et se tournait à mal* ».

Il est à remarquer qu'il exerça ce ministère dans des tems corrompus, et qu'il l'exerça avec la dernière rigueur.

Je me suis proposé dans ces rapprochemens de faire ressortir une grande vérité, trop peu sentie dans cet âge, c'est qu'en bonne législation il faut tout ramener à *l'ordre moral.*

*Ces grandes vues morales* formaient la science de la législation chez les anciens : de là sont sortis de grandes choses et de grands hommes.

Nous avons abandonné cette route pour le machiavélisme, cet unique ressort de la politique moderne, et avec plus de lumières nous sommes tombés dans le plus profond abîme d'avilissement et de misère.

Quel sublime calcul dans cette institution de la *censure,* ( dont les *sociétés surveillantes dans un état libre* nous retracent en quelque sorte l'image ) !

Par cette surveillance on *prévenait les crimes en réprimant les vices.*

Cette *magistrature morale,* était conférée à tems et divisée.

Ainsi se formait et s'épurait *l'esprit public,* parce qu'on avait une *conscience publique.*

On vivait, on agissait sous les yeux de la patrie ; et il n'existe de véritable cité que là où les citoyens ne sont pas étrangers les uns aux autres, que là où les lois tendent sans cesse à atténuer ces inégalités factices qui partagent les hommes en deux classes, dont l'une est vouée à la corruption morale, et l'autre au malheur physique.

Eclairés par la plus fatale expérience, il faudra, j'ose le prédire, finir par ressaisir ces belles institutions de l'antiquité (*).

Il n'est pas si facile, mais il est plus sûr, il est plus glorieux de donner à un peuple des mœurs que des lois.

Je vois, disait Rousseau, force faiseurs de lois, et pas un législateur.

L'art du législateur consiste à embrasser l'*ensemble*, et les *rapports des lois avec l'ordre social.*

L'ordre social repose sur la justice et sur la morale; hors de là sont tous les crimes et tous les malheurs.

*Publié à Paris, le 10 Fructidor, an 7.*

## P. CHAUSSARD.

(*) J'en citerai encore un exemple. Les monumens publics qui, comme signes sensibles, sont la plus éloquente des institutions morales, ne seront ce qu'ils doivent être, que lorsqu'on aura rétabli l'*édilité*, cette magistrature si importante sous les rapports politiques, philosophiques et moraux, économiques et policiaux.

Je me suis occupé de ces recherches que je publierai incessamment.

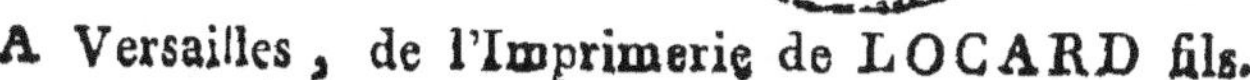

A Versailles, de l'Imprimerie de LOCARD fils.